Closer than it appears · Näher als es scheint

D1730122

CLOSER THAN IT APPEARS
NÄHER ALS ES SCHEINT

Tänze für das Blaue Haus

modo

Die im Blauen Haus in Breisach geleistete Arbeit führte im Juli und August 2006 wieder jüdische Gäste, Nachkommen Breisacher Juden und ihre Freunde, in „ihre alte Stadt" am Rhein. Sie und viele hier in der Region ließ die Frage nicht los, wie wir heute mit dem schmerzlichen Verlust der jüdischen Gemeinde umgehen können.

Das Unternehmen war ein vierfaches Wagnis: zwei Tanzkompanien aus New York wollen ein Publikum in Breisach für Modern Dance begeistern. Sie nehmen in ihren künstlerischen Produktionen die Themen Ausgrenzung, Verfolgung und Vertreibung der jüdischen Familien auf. Sie bieten an, Freiburger Schüler dabei anzuleiten, eigene Choreographien zu diesem Thema zu erarbeiten. Und eine tänzerische Inszenierung von Aviva Geismar – sie stammt aus einer der ältesten Breisacher jüdischen Familien – wird den Ort „bespielen", wo 300 Jahre lang die jüdische Gemeinde gelebt hat. Das Blaue Haus wird zum „Kristallisationspunkt aktiven künstlerischen Geschehens", wie es Dr. Sven von Ungern-Sternberg formuliert hat.

Sowohl die Probenarbeiten in den Workshops als auch die Aufführungen der „Tänze für das Blaue Haus" waren für Teilnehmer und Zuschauer bewegend und werden übereinstimmend als eine lebensverändernde Erfahrung erinnert.

Ari Nahor hielt mit seiner Kamera die Momente fest, Friedel Scheer-Nahor und Toby Axelrod erzählen die Geschichte des Tanzprojekts.

In der Vorbereitung der „Tänze für das Blaue Haus" übernahmen die „Freunde des Blauen Hauses", die Überlebenden und Nachkommen der Breisacher Juden, eine tragende Rolle: Sie waren Schrittmacher, Unterstützer und Sponsoren.

Es sind wohl an die 500 Menschen in Deutschland und den USA, die sich an den Vorbereitungen und der Durchführung der „Tänze für das Blaue Haus" beteiligt haben. Dank einer einzigartigen Zusammenarbeit wurde es möglich, Bedenken auszuräumen, Hindernisse zu beseitigen und schließlich siebzig Geldgeber, Institutionen, Firmen und Privatpersonen davon zu überzeugen, dass hier eine Investition in die Zukunft geleistet werden soll. So wird die Erinnerung an „den schwärzesten Tag in Breisachs Geschichte", wie Bürgermeister Oliver Rein den Deportationstag der Breisacher Juden nannte, lebendig. Junge Menschen konnten durch die Selbsterfahrung in den Tänzen schließlich eine Identifikation mit Mitgliedern der früheren jüdischen Gemeinde erproben – mit Freude und Schmerz.

Wir danken den „Freunden des Blauen Hauses", den Choreographen Aviva Geismar und Jonathan Hollander und den Künstlern und Künstlerinnen von Drastic Action und Battery Dance Company, dem Technischen Direktor sowie den ehrenamtlich wirkenden Tänzern aus Novosibirsk/Rußland, Perth/Australien und Frankfurt/M.

Wir danken dem Schirmherrn, Herrn Regierungspräsident Dr. Sven von Ungern-Sternberg und allen Sponsoren und Ehrengästen, die das Ereignis großzügig unterstützt haben und möchten hier besonders und stellvertretend Botschafter William R. Timken und die Botschaft der USA in Berlin, das Generalkonsulat Frankfurt/M., Herrn Bürgermeister Oliver Rein und die Stadt Breisach sowie die Landesstiftung Baden-Württemberg nennen.

Unser herzlicher Dank geht ebenso an Prof. Dan Bar-On, Deena Harris und Renate Röder, die mit ihrer Pionierarbeit tiefe Einsichten in die Leiden der Angehörigen von Tätern und Opfern von Gewaltherrschaft gewonnen haben. Sie machten ihr Wissen für einen Dialog in Breisach fruchtbar.

Außerdem danken wir den Schülerinnen und Schülern und ihren Lehrern für ihren Mut. Ari Nahors Bilder bewahren den Geist der Tanztage. Sie können zu neuen Wegen ermutigen, Brücken über den Abgrund der Vergangenheit in die Gegenwart zu schlagen.

Dr. Christiane Walesch-Schneller
Für den Vorstand des Fördervereins Ehemaliges Jüdisches Gemeindehaus Breisach e.V.

In July and August 2006, the Blue House in Breisach once again brought Jewish guests, descendants of Breisach Jews and their friends to Breisach. Here they came together with people who are also dealing with the question of how to confront the painful loss of our Jewish community.

The event involved a four-part venture: two New York dance companies, aiming to win over the Breisach public for modern dance, incorporated themes of exclusion, persecution and expulsion of Jewish families into their productions. The troupes offered pupils from Freiburg the chance to become amateur choreographers on such themes. And one professional dance production by choreographer Aviva Geismar would "play out" on the very site where the Jewish community had lived for 300 years. Aviva Geismar is a descendant of one of the oldest Jewish families of Breisach. The Blue House became the "crystallization of an active artistic event," as Dr. Sven von Ungern-Sternberg put it.

Both the workshop rehearsals and performances of "Dances for the Blue House" were moving for participants and observers: a life-changing experience.

And Ari Nahor preserved the moment with his camera, while Friedel Scheer-Nahor and Toby Axelrod captured the story of the dance project in words.

"Friends of the Blue House" - Holocaust survivors and descendants of former Breisach Jews – played an essential role in creating "Dances for the Blue House," as innovators, supporters and sponsors.

At least 500 people in Germany and the USA helped prepare and carry out "Dances for the Blue House." Thanks to a unique cooperation, it was possible to set aside fears and obstacles and finally to convince 70 sponsors – institutions, firms and private individuals – to contribute to this investment in the future. The project keeps alive the memory of "the blackest day in Breisach's history," as Mayor Oliver Rein described the day when Breisach's Jews were deported. Through their experience with dance, young people could attempt to identify with the former Jewish community – in both joy and sadness.

We are grateful to the Friends of the Blue House, to choreographers Aviva Geismar and Jonathan Hollander and to the artists of Drastic Action and the Battery Dance Company, to the technical director and volunteer dancers from Novosibirsk, Russia, Perth, Australia and Frankfurt am Main.

We also want to express our gratitude to our patron, Dr. Sven von Ungern-Sternberg, Governor for the State of South Baden. We thank all the sponsors and honoured guests who so generously supported this project – and in particular the US Ambassador to Germany William R. Timken and the US Embassy in Berlin; the General Consulate in Frankfurt am Main; Mayor Oliver Rein and the city of Breisach; as well as the State Foundation of Baden-Württemberg.

Our thanks also go to Dr. Dan Bar-On, to Deena Harris and Renate Röder, whose pioneering work prompted insights into the experiences of descendants of victims and perpetrators of the brutal dictatorship. Their knowledge brought fruitful dialog to Breisach.

And we thank the students and their teachers for their courage. Ari Nahor's images capture the spirit of those days of dancing. They move us in new directions, toward building bridges to the future, over the abyss of the past.

Dr. Christiane Walesch-Schneller
On behalf of the Board of the Förderverein Ehemaliges Jüdisches Gemeindehaus in Breisach

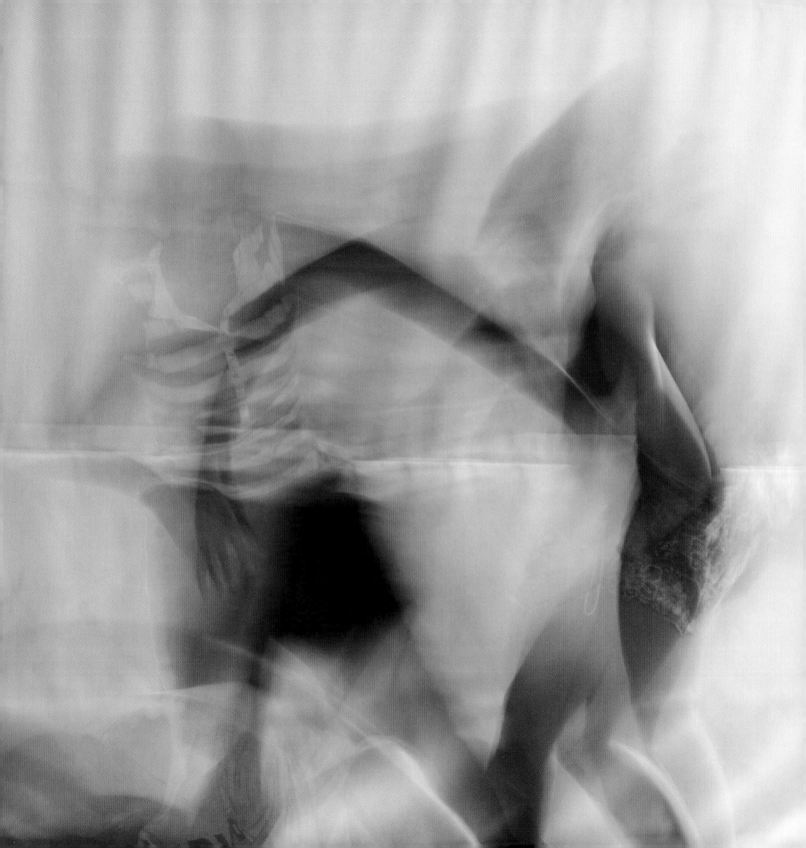

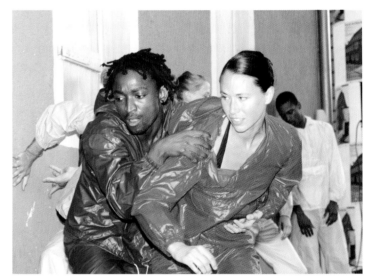

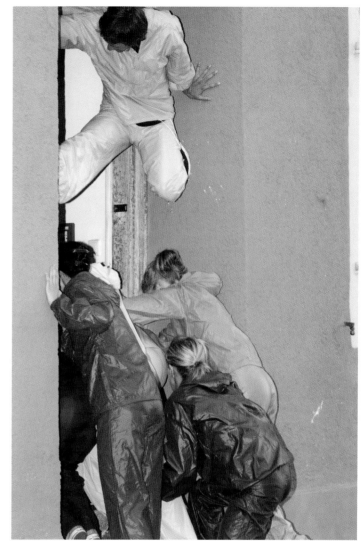

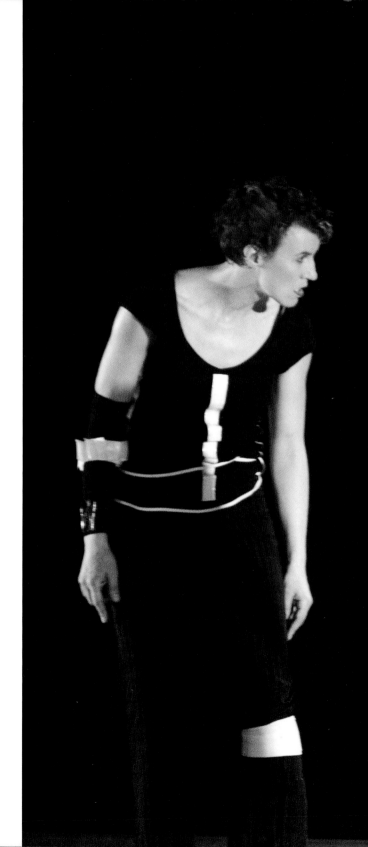

„Es ist wichtig, Zeugnis abzulegen über die tragischen Ereignisse der Vergangenheit. Ein künstlerischer Austausch wie dieses Tanzprojekt berührt den Kern unserer Menschlichkeit und ist die beste Möglichkeit, eine Vertrauensbasis zu schaffen.
Ich bin sehr stolz, dass die diplomatischen Vertretungen der USA in der Lage waren, dieses Projekt zu unterstützen."...

William R. Timken jr., Botschafter der USA in Deutschland
Grußworte zur Eröffnung der „Tänze für das Blaue Haus" am 3. August 2006

"Bearing witness to the tragic events of the past is important. Artistic exchanges like this dance project touch the core of our humanity and are the best way to establish a foundation of trust.
I am very proud that the U.S. Mission to Germany has been able to support this project."...

William R. Timken, Jr., American Ambassador
launched the event on August 3th, 2006

It is truly a dream come true

Remarks at the "Dances for the Blue House" opening ceremony[1]

In 1998, the city of Breisach invited back members of the last Jewish community, on the occasion of the 60th anniversary of Kristallnacht, to participate in the unveiling of a memorial at the place where the Synagogue had once stood.

At the end of that meeting, Christiane Walesch-Schneller became the catalyst in creating the Foerderverein, the Association to Restore the Former Jewish Community Center, with an amazingly dedicated, miraculously devoted group of people.

In only eight years, so much has been done here in Breisach to continue to honor the memory of the Jewish community of Breisach and the history of Jewish life in the Rhine Valley. And that community and its descendants continue to return here, to explore their history and to develop new friendships.

On a personal note, my mother, Paula Wurmser, was born here in 1919. I have learned that her family had been here since 1638. She escaped to America, to Yonkers, New York, in 1936. I was born in New York City in 1946 and my only contact with Breisach, until that meeting in 1998, was to return with my mother, pick up the key to the Jewish cemetery from Frau Ziehler, visit the graves of my grandparents and great grandparents, and then leave Breisach.

Tonight, I am really moved to be standing here, in the Ehemaliges Juedisches Gemeindehaus, the Blue House, the home of the last cantor and his family, across the street from where my mother's house stood, surrounded by so many old and new friends, to bear witness to what has been done and continues to be done, in the spirit of reconciliation and understanding.

With its commission of Dances for the Blue House, the Foerderverein is expanding the scope of its programs, providing the opportunity for an artistic and cross-cultural exchange among Freiburg students, working with two New York-based companies, with dancers hailing from many different lands. Dances for the Blue House is providing a unique vehicle for self-exploration through dance.

I want to take this opportunity to thank everyone who has given their financial, emotional, and spiritual support to this project. It is truly a dream come true.

[1] Elaine Wolff spoke on behalf of Friends of the Blue House, a group of former Breisach Jews, their descendants and friends, at the opening ceremony of the Dances for the Blue House, on August 3rd, 2006. Since 1998, when the town of Breisach reached out to the survivors and descendants of its former Jewish community, many continue to return and are helping to document their own and their families' histories.

So ist wirklich ein Traum wahr geworden
Bemerkungen zur Eröffnung der „Tänze für das Blaue Haus"[1]

1998 lud die Stadt Breisach Mitglieder der letzten jüdischen Gemeinde aus Anlass des 60. Jahrestags der „Kristallnacht" ein, um ein Denkmal auf dem Platz zu enthüllen, auf dem die Synagoge einst stand. Am Ende dieses Treffens forcierte Christiane Walesch-Schneller die Gründung des Fördervereins für die Restaurierung des früheren jüdischen Gemeindehauses. Tatsächlich bildete sich eine Gruppe von beeindruckend ernsthaft und wunderbar engagiert arbeitenden Leuten.

In nur acht Jahren wurde so viel hier in Breisach geleistet, was die Erinnerung an die jüdische Gemeinde von Breisach und die Geschichte des jüdischen Lebens im Rheintal gebührend wachhält. Und diese Gemeinschaft und ihre Nachfahren kommen immer wieder hier her, um ihre Geschichte zu erforschen und neue Freundschaften zu schließen.

Eine persönliche Anmerkung: Meine Mutter, Paula Wurmser, wurde 1919 hier geboren. Ich habe erfahren, dass ihre Familie hier seit 1638 ansässig war. Sie flüchtete im Jahr 1936 nach Amerika, nach Yonkers im Staat New York. Ich wurde 1946 in New York City geboren und mein einziger Kontakt nach Breisach bis zu dem Treffen im Jahr 1998 war, mit meiner Mutter zurückzukehren, um den Schlüssel für den jüdischen Friedhof bei Frau Ziehler zu holen, dann das Grab meiner Großeltern und Urgroßeltern zu besuchen, um dann Breisach wieder zu verlassen.

Heute Abend ist es ein bewegendes Gefühl, hier zu stehen, im ehemaligen jüdischen Gemeindehaus, dem Blauen Haus, dem Heim des letzten Kantors und seiner Familie, gegenüber dem Ort, wo das Haus meiner Mutter stand, umringt von so vielen alten und neuen Freunden. Wir erfahren, was getan wurde und was noch getan wird, im Geiste der Wiedergutmachung und der Verständigung.

Indem der Förderverein die „Tänze für das Blaue Haus" möglich machte, weitet er das Spektrum seines Schaffens aus und schafft die Grundlage für einen interkulturellen Austausch zwischen Freiburger Schülerinnen und Schülern, die mit zwei New Yorker Gruppen arbeiten, und Tänzern aus vielen verschiedenen Ländern. Die „Tänze für das Blaue Haus" stellen eine einzigartige Gelegenheit zur Selbsterfahrung durch Tanz dar.

Ich möchte die Gelegenheit nutzen, um all denen zu danken, die durch einen finanziellen, emotionalen und spirituellen Beitrag dieses Projekt unterstützt haben. So ist wirklich ein Traum wahr geworden.

[1] Elaine Wolff spricht bei der Eröffnung am 3. August 2006 für den Freundeskreis ehemaliger Breisacher Juden und ihrer Nachkommen. Diese folgen seit 1998 den Einladungen in die frühere Heimat ihrer Familien und helfen, die Geschichte ihrer Familienangehörigen aufzuschreiben.

Friedel Scheer-Nahor

„Tänze für das Blaue Haus" – Eine kühne Idee wird verwirklicht

„Tänze für das Blaue Haus". Was soll das heißen? Für was und zu welchem Zweck soll das gut sein? Solchen und ähnlichen Fragen sahen sich die Wegbereiter des Projekts auf deutscher Seite zur Genüge ausgesetzt. Nur wenige konnten sich zu Beginn vorstellen, welche Möglichkeiten ein solches Ereignis eröffnete und was dadurch bei Zuschauern und Mitwirkenden emotional bewegt werden würde. Zu verwegen schien der ganze Plan zu sein, zu wenig Vergleichsmöglichkeiten für ein ähnliches Projekt boten sich dem Zweifelnden. Es war aber auch – alles in allem betrachtet – ein kühnes Vorhaben, das dem „Blauen Haus", dem ehemaligen jüdischen Gemeindehaus und der Zufluchtsstätte der letzten jüdischen Gemeinde Breisachs nach der Zerstörung ihrer Synagoge, gewidmet war.

Zwei Tanzkompanien aus New York, Battery Dance Company und Drastic Action, wollen dem Blauen Haus in Breisach, einer kleinen Stadt im Süden Deutschlands, an der Grenze zu Frankreich gelegen, ein Geschenk machen. In einem geeigneten Ambiente würden die Tänzer, die aus der ganzen Welt stammen, moderne Choreographien aufführen, die einen Bezug zu der vom „Förderverein Ehemaliges Jüdisches Gemeindehaus" geleisteten Arbeit haben sollen, nämlich die Geschichten der vertriebenen und ermordeten jüdischen Bewohner Breisachs aus dem Schweigen und Vergessen zu holen. Teile des Programms sollen in einem sechstägigen Workshop mit deutschen Schülerinnen und Schülern unter der Anleitung der professionellen Tänzer erarbeitet werden. Des weiteren will Aviva Geismar eine Inszenierung für die Straße entwickeln, die sich vom Synagogenplatz über die ehemalige Judengasse zum Blauen Haus bewegen soll. Parallel zu all diesen Aktivitäten ist ein Workshop mit dem israelischen Professor für Psychologie, Dan Bar-On, unter Mitwirkung von Dr. Deena Harris und Renate Röder, geplant, die seit langem schon in einer Gruppe mitarbeiten, die die Annäherung zwischen Nachkommen der Opfer und solchen der Täter zum Ziel hat. Zum Abschluss wird das Frankfurter Chagall-Quartett im Radbrunnen Werke jüdischer Komponisten des 20. Jahrhunderts spielen.

So ungewöhnlich, wie dieses Vorhaben, war auch seine Entstehungsgeschichte. Das Tanzprojekt hätte es nicht gegeben, wenn nicht Christiane Walesch-Schneller, die Vorsitzende des Breisacher Fördervereins, als Jugendliche im Jahre 1967 an einem Austauschprogramm des American Field Service teilgenommen hätte. Damals lernte sie Jonathan Hollander kennen, der heute Künstlerischer Leiter der Battery Dance Company ist – ein Kontakt, der nie abbrach. Christiane Walesch-Schneller, die sich seit 1998 zusammen mit anderen Mitstreitern des „Fördervereins Ehemaliges Jüdisches Gemeindehaus" für den Erhalt und die Renovierung dieses Hauses in Breisach eingesetzt hatte, unternahm im Jahre 2003 eine Reise nach New York zu den „Freunden des Blauen Hauses". Diese aus ehemaligen Breisacher Juden und ihren Nachkommen und Freunden bestehende Gruppe hatte zu einem Programm eingeladen, bei dem mit Reden, Fotos und Filmausschnitten einem wissbegierigen Publikum in der Stephen Wise Free Synagoge in New York das Projekt Blaues Haus näher gebracht wurde. Ein Filmausschnitt zeigte das Gedenken zum 60. Jahrestag der Deportation der badischen Juden im Oktober 2000 auf dem Synagogenplatz in Breisach. Jüdische Gäste und Breisacher Bürger gedachten und trauerten gemeinsam. Die Namen der Breisacher Juden, die nach Gurs und später nach Auschwitz deportiert worden sind, wurden langsam verlesen:. .... Betty Geismar. Heinrich Geismar. Karolina Geismar, geborene Geismar. Theodor Geismar. Wilhelm Geismar ..."

Auf dem Heimweg zu seinem Studio klangen Jonathan Hollander, der als Gast dabei war, diese Namen im Ohr. Hatte Aviva Geismar, eine Kollegin, die bei ihm Proberäume angemietet hatte, vielleicht sogar Breisacher Wurzeln? Darauf angesprochen, konnte Aviva keine Auskunft geben. Sie musste ihren Vater, Ludwig Geismar, fragen, der bis dahin lieber geschwiegen hatte, als sich dem Schmerz des Erinnerns an seine Eltern und seinen Bruder, die er nicht retten konnte, auszusetzen. Er bestätigte die Vermutung. Seine Eltern, Heinrich und Karolina Geismar, waren aus Breisach.

Alles ist näher als es scheint.

Diese wundersame Fügung blieb nicht ohne Wirkung. Zu den positiven Emotionen, die die Breisacher Arbeit in und um das Blaue Haus in New York hervorgerufen hatte, wollten Jonathan Hollander und Aviva Geismar ihren Teil hinzufügen und nach Breisach zurückgeben. Sie wollten etwas tun, was der jüdischen Gemeinde, die einst in Breisach lebte, gewidmet sei und auch eine Anerkennung für die Arbeit des Fördervereins sein sollte. Es entstand die Idee, mit beiden Tanzkompanien „Tänze für das Blaue Haus" zu verwirklichen.

Doch in Breisach war man skeptisch: Ist das überhaupt zu schaffen und vor allem, wird der Funken überspringen und das Projekt etwas bewegen oder doch wenigstens verstanden werden?

Fragen über Fragen, aber nachdem Überzeugungsarbeit im engeren und weiteren Kreis geleistet worden war, konnten auch die finanziellen Hürden dank vielfältiger Unterstützung von offiziellen und privaten, amerikanischen und deutschen Spendern überwunden werden. Am 19. Juli 2006 traf Aviva Geismar mit ihren Tänzerinnen Emily Bunning, Sophie Bortolussi, Roberta Cooper und Sarah Lewis in Breisach ein. Und sofort am nächsten Tag nahmen sie die Arbeit für die Straßeninszenierung „Näher als es scheint" auf dem Synagogenplatz auf.

Wenige Tage später kam Jonathan Hollander mit seiner Truppe in Freiburg an. Bafana Solomon Matea, Stevan Novakovich, Sean Scantlebury, Lydia Tetzlaff, Jeanene Winston und Adele LeRoi Nickel begannen ihre Arbeit mit den Schülern. Sechs Stunden täglich unterrichteten sie und die Tänzerinnen von Drastic Action die Schülerinnen und Schüler. Aus Australien bekamen sie noch Verstärkung von Paul Blackman, aus Russland stieß Olga Glazyrina dazu und aus Frankfurt kam Victoria Söntgen. Alle drei hatten von dem Projekt gehört und sich auf eigene Faust auf den Weg gemacht, um dabei zu sein. Die Schülerinnen und Schüler, die von den Freiburger Schulen, dem Theodor-Heuss-Gymnasium, dem Kepler-Gymnasium, der Lessing-Realschule sowie der Lessing-Förderschule kamen, hatten sich bereits Monate vorher für dieses besondere Experiment angemeldet. Das Projekt nahm seinen Lauf.

„Näher als es scheint" – Auf Tuchfühlung mit der Breisacher Geschichte. Eine erwartungsvolle und zugleich beklemmende Stimmung breitete sich am Donnerstagabend in der Rheintorstraße aus. Zum ersten Mal sollte das Stück „Closer than it Appears – Näher als es scheint", von Aviva Geismar choreographiert, zusammen mit ihren Tänzerinnen entwickelt und unterstützt von Battery Dance Company, gezeigt werden. Am Nachmittag war der amerikanische Botschafter William R. Timken mit Frau und Enkelsohn Brandon in Breisach eingetroffen und feierlich im Rathaus und im Blauen Haus empfangen worden. Nun mischte er sich unter die vielen anderen Besucher aus nah und fern, um der Vorstellung beizuwohnen. Ehrenplätze gab es keine. Wo hätten sie auch sein sollen? Die Darstellerinnen verlegten den Schauplatz schließlich im Laufe ihres Stücks vom Synagogenplatz zum nahegelegenen Blauen Haus.

Zunächst fanden sich die vier Tänzerinnen von Drastic Action auf dem Synagogenplatz wie zum Spiel zusammen. In fein aufeinander abgestimmten Bewegungen stellten sie eine Einheit dar, die scheinbar sorglos um sich selbst kreiste – bis plötzlich eine von ihnen hinausgeschubst wurde. „Pass auf!", riefen die andern ihr warnend zu und kehrten sich ab, um sich weiter ihrem vordergründig unbeschwerten Spiel hinzugeben. Die Ausgestoßene konnte es nicht fassen, versuchte Schritt zu halten und den Faden wieder aufzunehmen. Doch mit der unbeschwerten Vertrautheit war es vorbei.

Nun geriet alles mehr und mehr aus dem Gleichgewicht. Die Rollen wechselten. Wer zuvor ausgestoßen war, beteiligte sich jetzt an der Ausgrenzung. Kein Mitleid, kein Innehalten, keine Versöhnungsgesten. Es ertönten traurige jiddische Lieder aus dem Lautsprecher. Der Schauplatz verlagerte sich zum Rand des Synagogenplatzes, dort wo eine niedrige Mauer die Begrenzung bildet. Die eine schwankte, die andere stützte. Wohl versuchte man, sich in der Not Halt zu geben, doch die Unbegreiflichkeit des Geschehens und dessen Traurigkeit senkten sich wie eine schwere Wolke über diese Szene, die sich nun in Richtung Straße bewegte.

Ein langes Seil verband die vier Tänzerinnen. Es wurde aber auch Mittel zum Zweck, zum Einfangen und Abführen. Langsam folgte das Publikum den Protagonistinnen durch die Rheintorstraße, die ehemalige

Judengasse, vorbei an den Häusern, die einst der jüdischen Bevölkerung Breisachs Heimat und Geborgenheit boten, bis sie nach und nach aus der Gesellschaft gedrängt und schließlich die Straße entlang getrieben wurden zum Sammelplatz der Deportation. Es war nicht zu ändern, das Publikum spielte die Rolle des stummen Beobachters, der Masse, die hinschaute und damals doch wegschaute.

Je näher sie dem Blauen Hauses kamen, desto dynamischer wurde das Spiel. Die Tänzer der Battery Dance Company, alle in farbige Overalls gekleidet, fielen in das Geschehen ein. Kamen sie zu Hilfe oder stellten sie eine neue, konkretere Bedrohung dar? Die Gruppe stürmte auf das Blaue Haus. Es war schwer auszumachen, ob sie da Schutz suchte oder gewaltsam eindringen wollte, bis plötzlich die Tür aufging und die ganze Gruppe verschluckte.

Eindrucksvolle Szenen spielten sich bald darauf in den Fenstern ab, deren Läden bis jetzt verriegelt waren. Fensterläden wurden geöffnet und geschlossen, es wurde geschaut, weggeschaut und sich abgewendet. Wer wollte, spürte es nun ganz deutlich: die Dynamik gesellschaftlicher Prozesse, des Mitmachens, Ausstoßens und Ausgrenzens – das Drama des Ausgestoßenwerdens und der Ablehnung. Als wollten sie sich des Staubs der Erinnerung entledigen, schüttelten die Tänzerinnen rote Tücher aus. Wie schwere Träume fielen die Tücher schließlich auf die Straße.

Noch zwei weitere Male wurde das Stück gegeben. Bei beiden Aufführungen konnte es nicht mehr mit allen Mitwirkenden stattfinden, weil das Wetter dies nicht zuließ. Bei der letzten Aufführung, am Samstagabend, schien es sogar, als würden im Himmel die Fäden gezogen. Die Sonne hatte einige Stunden vor der Aufführung die Straße getrocknet, und der Weg schien frei für das ungekürzte Programm. Lediglich eine schwarze Wolke, die sich am Himmel über Breisach zusammenzog, störte das Bild. Pünktlich um 18.30 Uhr begann die Vorstellung auf dem Synagogenplatz, und wie auf ein unhörbares Kommando hin begann es genau in diesem Augenblick wie aus Schleusen zu regnen. Innerhalb von wenigen Sekunden waren die Tänzerinnen völlig durchnässt, und dennoch setzten sie unbeirrt ihre Darbietung fort.

Für Emily Bunning, eine der Tänzerinnen, war es ein unvergesslicher Augenblick: „Der beeindruckendste Moment war, das Stück ‚Näher als es scheint' im strömenden Regen zu tanzen. Das Wetter verlieh der Vorstellung ein magisches Element. Es ging so unter die Haut, dass ich am liebsten zur gleichen Zeit geweint, gelacht und geschrien hätte. Die Tatsache, dass die ebenfalls tropfnassen Zuschauer der Vorstellung treu blieben, war unglaublich."

„Zwischen Himmel und Erde" – Am Ende in der Sporthalle. „Der Ort ist improvisiert, das Programm jedoch nicht", so begrüßte Jonathan Hollander die zahlreichen Besucher zur Premiere der „Tänze für das Blaue Haus". Ganz kurzfristig wurde die Aufführung wegen des schlechten Wetters von der Freilichtbühne in die schmucklose Sporthalle verlegt, was bedeutete, dass auf Licht- und Bühneneffekte, zumindest am ersten Abend, weitgehend verzichtet werden musste.

Vier Stücke der beiden professionellen Gruppen umrahmten im Abendprogramm die fünf Stücke der Freiburger Schüler. Die meisten Schülerinnen und Schüler hatten vorher kaum eine Vorstellung von dieser Begegnung und waren deshalb danach umso beeindruckter. „Am Anfang waren alle etwas schüchtern, aber schon nach wenigen Stunden hatten uns Lydia und Bafana, unsere Tanzlehrer soweit, dass wir schreiend durch den Raum sprangen, krochen und rannten", erinnert sich Birte Ewers, eine Schülerin des Kepler-Gymnasiums, an ihre Vorbereitung. Die Schülerinnen und Schüler wurden dazu ermuntert, ihre Gefühle in Bewegung und Ausdruck zu transformieren und daraus wurden sodann in gemeinschaftlicher Arbeit die Stücke entwickelt.

Das Ergebnis konnte sich sehen lassen. Wie ihre New Yorker Vorbilder gaben sie sich ganz ihrem Körpergefühl hin und scheuten sich nicht vor ausdrucksstarken Bewegungen. Sie fügten sich in spannende Choreographien ein, die tänzerisch Themen umsetzten, die alle angehen: gruppen- und gesellschaftsdynamische Prozesse mit Ablehnung und Ausgrenzung oder Versöhnung, Akzeptanz und Integration. Ganz deutlich war dies im ersten Stück der Schüler zu spüren: Immer heftiger wurde ein Mädchen von den anderen in die Enge getrieben, bis es zum Schluss scheinbar erschöpft am Boden lag. Doch die Schüler gaben der Gestaltung des Stückes eine hoffnungsvolle Wendung. Das Mädchen stand auf und schien über sich selbst hinauszuwachsen, der Bann war gebrochen.

Eine andere Gruppe bewegte sich schwarmartig in kleinen Trippelschritten, als ob sie eine Einheit wäre, und doch machten sich darin immer wieder Einzelne bemerkbar, die hochsprangen und so herausragten – ein hoffnungsvolles Bild dafür, dass individuelle Besonderheiten und kollektive Interessen in Einklang gebracht werden können und daraus ein harmonisches Ganzes entstehen kann.

Andere zogen ihre Kameraden an unsichtbaren Seilen. Sie mochten noch so sehr versuchen, sich dieser Fremdbestimmung zu entziehen, sie hatten keine Chance. So wurden soziale Prozesse körperlich spürbar gemacht – für die Schüler eine unmittelbare, eindrucksvolle Erfahrung und für die Zuschauer sinnliche Bilder, die sie auf einem anderen, als dem gewohnten, kognitiven Weg erreichten.

Die Schülerdarbietungen spiegelten überwiegend die erklärte Absicht der Initiatoren des Workshops wider, den Tanz als Mittel zur Erkundung der eigenen Identität zu erfahren. Doch im letzten Beitrag der Schüler wurde ein Bezug zu dem speziellen Thema, der Ermordung und Vertreibung der Juden unter den Nazis, spürbar. Die zum Ende der Darbietung am Boden Sitzenden riefen die Namen der aus Breisach deportierten Juden in die Weite des Raums und griffen schließlich, wie in grausigem Erschrecken ins Leere.

Ausdrucksstark und beeindruckend waren die Darbietungen der professionellen Tänzer. Im ersten Stück, „Zwischen Himmel und Erde", tanzte Sean Scantlebury zu Klezmer-Musik ein Stück, das anlässlich der europäischen Konferenz über Toleranz entstanden war. Mit weiten Sprüngen und kraftvoll-eleganten Bewegungen nahm er dabei den Raum ein.

Damit setzte er einen gelungenen Kontrapunkt zu dem anderen Stück von Battery Dance Company namens „Geheimnisse der Pflastersteine". Dieses ist in einem zehntägigen Workshop im Krakauer Kaszimierz-Viertel entstanden, wo seit Jahrhunderten bis zum Zweiten Weltkrieg die jüdische Bevölkerung zu Hause war. Zeugen dieses Wandels im Zusammenleben sind die Pflastersteine der Straßen Krakaus. In barock anmutenden Kleidern bewegten sich die beiden Paare graziös umeinander. Schicht um Schicht legten sie ab, ein Sinnbild für den Fortgang der Zeit, die zunehmend Grausames bereithielt. Die Harmonie wurde zerstört.

Die beiden Stücke von Drastic Action knüpften an dem an, was schon bei der Straßeninszenierung „Näher als es scheint" thematisiert wurde und Aviva Geismars künstlerisches Schaffen kennzeichnet. Insbesondere im Stück „Alle stürzen" war dies eindrücklich zu sehen. Die vier Tänzerinnen von Drastic Action thematisierten hier, wie grausam Menschen sein können, sobald sie sich überlegen fühlen und sich ein Einzelner einer Übermacht gegenübersieht. Auch im Solo „Das Unerbetene und Herausgelöste" wurden beklemmende Emotionen transportiert. Zwischen Selbstbehauptung und Verzweiflung schien Sarah Lewis sich dabei zu bewegen. Die Bedrohung war nicht auszumachen. Geheimnisvoll und mächtig mutete das an, wogegen die Tänzerin ankämpfte, etwas Ominöses, was schwer zu greifen und noch viel schwerer zu bezwingen war und was das Individuum letztlich in ein irres Gelächter trieb.

Das Zusammenwirken von vielen Beteiligten hatte die „Tänze für das Blaue Haus" in Breisach möglich werden lassen. Es scheint wie ein Wunder, dass zu diesem Zeitpunkt alle Kräfte und Bemühungen gebündelt werden konnten, damit das Vorhaben mit all den geplanten Komponenten verwirklicht werden konnte. Aus vielen verschiedenen Ländern der Welt waren Akteure und Zuschauer angereist, um bei einem Ereignis dabei zu sein, welches man nicht kaufen, bestellen oder bestimmen kann, weil jeder Einzelne nur einen Beitrag von vielen dazu leisten kann. So wurden die „Tänze für das Blaue Haus" ein Fest der Verständigung und Versöhnung über Grenzen hinweg, boten Raum für eine kreative und gedankenanstoßende Auseinandersetzung mit sich und den anderen und machten Mut, an Träumen festzuhalten und sich für ihre Verwirklichung einzusetzen.

Toby Axelrod

Dancing Through Rain and Through Tears

In a small, bucolic German town, two dance companies staged a program based on human resilience and memory. Men, women and children are standing outdoors under multicolored clusters of umbrellas. It was here, 68 years ago, on the former Judengasse, Jews Street, of Breisach, Germany, that a synagogue burned.

Today, on the final evening of a nearly three-week dance program, the crowd watches as dancers wearing shades of orange and red take up their positions. As if on cue, just as the four women begin to twist and turn their bodies to become children playing patty-cake and other childhood games, the skies open. And with the rain coming down in torrents, the four dancers continue to play as children do, excluding one of their own.

A scene change: the dancers lead the audience from the site of the former synagogue up Judengasse to a small, two-story painted-blue house. Performers appear in each window of the house. Against a medley of contemporary music, Yiddish folk songs and klezmer, they open and close the shutters, hang banners out the windows, peer at each other and lean over the sills – spying, sharing secrets or hiding. The dance ends and the audience applauds. Children in the crowd, their hair and faces wet, smile in wonder with eyes shining, even if they might not fully understand the meaning of the dance. But Mercedes Marschall, 82, gets it. „It is a symbol of shutting out," she said. She recalled her Jewish classmate, Hildegard Voss, and how „Hildchen" suddenly „was not there one day," so many years ago.

The dancers „play, and then something shocks them," said Marschall, standing on the street. And, abruptly, she adds about the past: „It was so terribly difficult. How does a young person get over it?" Coming to terms with the past is a German obsession, and rightly so.

But recently, two Jewish choreographers from New York – Jonathan Hollander of the Battery Dance Company and Aviva Geismar of Drastic Action – came here to take part in the process. The result was powerful, both on a communal and personal level.

The rain-drenched performance of Geismar's original „Closer Than It Appears" was part of Dances for the Blue House, a 19-day program held July 18 through August 5, created by the two choreographers. The title refers to the small house with a peaked roof where Breisach's Jews held services after their synagogue was destroyed on Kristallnacht, November 9, 1938, when hundreds of synagogues across Germany and Austria were set afire.

The program began with educational workshops for local German teens that culminated in the creation of several short original dance pieces. The last days of the program, August 3 through 6, were dedicated to performances and concerts, each evening beginning with the site-specific „Closer Than It Appears" danced by members of both companies and followed by dances by high school students and a program of four dances at the Festspiele, an outdoor amphitheater.

The quartet of dances from the professional troupes were chosen for their connection to issues and events raised by the Holocaust. Drastic Action's pieces explored social dynamics. In „All Fall Down," four women dance together and apart in broad gestures that describe power struggles within a group. „The Unbidden and Unhinged" is a solo piece in which a dancer's twists and lurches are symbolic of the struggle of the individual in a social system that has gone awry. The Battery Dance Company staged two pieces inspired by the complex history of Kraków, Poland: „Secrets of the Paving Stones" and „Between Heaven and Earth."

The entire program was a gift to the local populace from the choreographers. Geismar, 41, had only recently learned that her paternal grandparents, who died in Auschwitz, were born in Breisach.

Geismar's parents, Ludwig and Shirley Geismar, watched the dance on the very street where Ludwig's parents had lived. „It was a real emotional experience," said Ludwig Geismar, who for decades avoided discussing his family's fate. „I still have goose pimples." „This has to be the most emotionally churning experience I have had in the arts for 31 years," said Hollander, 55, adding that he felt like an adoptive member of the community.

This small German town in the verdant wine country near the Alsatian border with France had a Jewish community as far back as the 17th century. At its peak some 150 years ago, the Jewish population numbered about 550. The Nazis deported the remaining 50 Jews of Breisach one Sukkot morning in 1940. Many of them died in Auschwitz. That history has been documented and preserved by Christiane Walesch-Schneller, 56, a psychoanalyst and chairwoman of the Society for the Promotion of the Former Jewish Community House in Breisach. Walesch-Schneller, who is not Jewish, said her childhood friendship with a Jewish girl in postwar Germany awakened her interest in German Jewish history. „It has moved me more or less all my life," she explained. The dance project would not have happened had Walesch-Schneller not gone to Bethesda, Maryland, as an exchange student with the American Field Service in 1967. It was there that she met Jonathan Hollander and their friendship began. Walesch-Schneller moved to Breisach 20 years ago. She helped organize an association to buy and restore the Blue House „as a place of remembrance, of learning," she said.

In 2003, Walesch-Schneller invited Hollander to attend a presentation on the Blue House at the Stephen Wise Free Synagogue in New York. The presentation „was about returning to roots, from the perspective of Jewish Breisachers" around the world, said Hollander, and included a film in which names of murdered Breisach Jews were read aloud. „By chance [some of] the names [in the film] were the Geismars."

Hollander immediately thought of Aviva Geismar, who rented space in his dance studio. He approached her and asked if her family was from Breisach. „I said, 'I don't know,'" she recalled, „and I called my Dad. He said, 'Oh yeah, my parents were from Breisach.'" It was the key to a long-suppressed history. „My father didn't talk about it. He had two photos of his parents," she continued. That was all. Geismar said she wanted „to do something that would be a tribute to the community that had been here and also that would recognize the work done to remember the community." The choreographers decided to take both their companies to Breisach.

Hollander, in particular, wanted to bring his „Secrets of the Paving Stones," associated with his own Polish roots, to the German town. The dance, he said, is „fed by the air, the light, the stones, the willow trees and the buildings of Kraków."

In „secrets of the paving stones," two men and two women, wearing costumes reminiscent of the Middle Ages, take to the floor, weaving patterns around each other in a courtly, formal dance. Against a score by the Crakow Klezmer Band, the dancers shed layers of clothing and, as the piece progresses, the movements change from East European folk traditions to modern, Western ones. The dancers might be echoing the centuries of Jewish life in Europe or, as they remove bits of their costume, discarding the trappings of assimilation and returning to their roots.

Performing that dance is „like walking through a really old house, up into an attic, and seeing an object on the floor from someone else's life," said Battery dancer Jeanene Winston, originally of Kansas. „It opens the history of those people. And it is very serious, almost like seeing the spirits of past lives. I really feel like the responsibility of the tragedies are in all our hands, it is up to us to change the future from the past."

As the Breisach project evolved, the choreographers and Walesch-Schneller decided to include the local population by adding a student program, including a number of sessions on healing and reconciliation with Israeli psychotherapist Dan Bar-On; New York psychoanalyst Deena Harris, a daughter of survivors; and Renate Roeder, an educator from Cologne whose father was a Nazi war criminal executed after the war. Walesch-Schneller also invited the Chagall Quartet of Frankfurt to perform works by 20th-century Jewish composers on the last day of the program.

„To remember the Jews is a very painful thing, associated with shame and guilt, erupting into [Germans'] everyday life," said Walesch-Schneller, noting that she did not get much positive response from local Germans when she started restoring the Blue House several years back. Attitudes have changed. The city helped with funding and logistics for Dances for the Blue House. The project was sponsored through grants from the United States and Germany, from official and private donors.

And so last summer, instead of indulging in sports and sun, dozens of teens from three Freiburg high schools got in touch with their inner dancer. They worked with members of Drastic Action and the Battery Dance Company to create original works shown as part of the Dances for the Blue House program. The schools were chosen in part because of previous contacts. In all, 90 students took part.

The teens learned about Breisach's Jewish community, though neither Hollander nor Aviva Geismar, artistic director of Drastic Action, wanted them to feel guilty for the crimes of past generations. But Geismar discovered she had problems talking about her background. „In the schools, teachers asked me to explain why I am here," she said. „I told them, ‚My grandparents were born in Breisach and my family is Jewish.' I didn't say, ‚I am Jewish.'" It was difficult for her to discuss at first. She later found both she and the students „started to open up and reveal more of themselves through the dancing."

The teens created their own dances, some with a direct connection to the history of Breisach's Jewish community, many with themes of rejection and inclusion. In one, students wearing white moved together like a school of fish swimming in a gentle current – monolithic, yet somehow vulnerable. In another, students formed small, exclusive groups. And another group ended its dance by kneeling, as if in a church, and calling out the names of Jews deported from Breisach.

Dance is „another way of going into the theme of the Holocaust," said Franziska Lusser, 19, of the Kepler Gymnasium. „I tried to put myself into the place of someone who lived at the time and had to survive. It was very, very intense." „Our dance is about injustice," said David Vaulont, 18, of the Theodor-Heuss Gymnasium. „You can convey it on one hand through emotions and the presentation, and on other hand, you can try to portray situations of injustice."

On all three evenings of the Blue House program, the two troupes and the students had to perform their dances in the town gymnasium because of rain. The basketball hoops were raised and colored lights set up on the blue-painted floor. The audience of about 300 sat in bleachers and in chairs set in a semi-circle.

Each group of students entered the darkened room in turn, their feet slapping on the gym floor. And each time the lights came on again, awkward teenagers were transformed into dancers, swaying or stamping, reaching and pulling back.

„Watching the kids in the studio, I was bowled over," said Hollander. „I felt my face, my soul dissolving ... I thanked them for making themselves vulnarable. I did not realize I was making myself vulnerable, too." Said Pablo Clauss, 16, a student at the Keper Gymnasium, „We make a direct connection, a bridge from today to the past."

„The dancing in the streets has attracted many people – children and grandparents," Walesch-Schneller said. „Five little Turkish boys came to every performance."

„The aim of the Blue House is just this: to include people, so people who may be refugees or immigrants discover the history," she added. It is also about remembering that Jewish life in Germany was rich and varied, with joy and celebration.

On that last rainy afternoon, while preparing for the dance in the Blue House, performer Roberta Cooper of Drastic Action had that same feeling. „I don't want to get too New Agey, but there is a presence here," she said. „But I do not feel sadness and pain, but joy."

Wir danken Hadassah-Magazine für die Erlaubnis, den Artikel „Dance Lessons" von Toby Axelrod, erschienen in der Ausgabe Nov. 2006, Vol. 88, No. 3, in überarbeiteter Form abdrucken zu dürfen.

We are grateful to Hadassah Magazine for allowing us to reprint the article, „Dance Lessons", by Toby Axelrod, which appeared in a slightly different format in the magazine's Nov. 2006 edition (Vol. 88, Number 3)

Statements

The teenagers of Freiburg schools were unflinching as they created their emotional choreographies, avoiding the easy pull of show-off dancing; exposing a profound depth of feelings through movement. They tore at my heart, those young people, giving me renewed hope for the future. Unbeirrbar entwickelten die Freiburger Schüler ihre emotionalen Choreographien und vermieden es, der allzu leichten Versuchung nachzugeben, sich in Szene zu setzen. Sie schafften es vielmehr, durch Bewegung eine große Tiefe der Gefühle auszudrücken. Sie berührten mich wirklich, diese jungen Leute, und gaben mir neue Hoffnung für die Zukunft. **Jonathan Hollander**   My choreography portrays individuals struggling against insurmountable obstacles and social systems gone awry. Meine Choreographie porträtiert, wie Individuen gegen unüberwindbare Hindernisse ankämpfen, und gesellschaftliche Systeme, die gescheitert sind. **Aviva Geismar**   After one of the performances of "Closer than it appears," a woman approached me in front of the Blue House and asked me, "Your grandparents lived on this street?". I told her that they did. Through her daughter's translation she told me, "I saw the synagogue being burned. I am so happy you have brought your dances here. We all want the same thing. We all want peace." Nach einer der Vorstellungen von „Näher als es scheint" kam vor dem Blauen Haus eine Frau auf mich zu und fragte mich: "Haben Ihre Großeltern in dieser Straße gewohnt?" Ich bejahte dies. Mit Hilfe der Übersetzung ihrer Tochter erzählte sie mir: „Ich habe gesehen, wie die Synagoge in Brand gesetzt wurde. Ich bin so froh, dass Sie Ihre Tänze hierher gebracht haben. Wir wollen doch alle dasselbe. Wir alle wollen Frieden." **Aviva Geismar**   I know that art can heal, but I have never felt this more strongly from the dancers, the students and the audience than in Breisach. Ich weiß, dass Kunst die Kraft hat zu heilen, aber ich habe es nie stärker empfunden als mit den Tänzern, den Schülern und dem Publikum in Breisach. **Sarah Lewis**   My whole life I have wanted to help those that weren't fortunate enough to have dance as a blessing in their lives. Going to the Lessing school in Germany and working on the Blue House Project with such grateful students helped to fulfill my passion as a teacher. Schon mein ganzes Leben wollte ich denen helfen, die nicht das Glück hatten, Tanz als einen Segen in ihrem Leben zu erfahren. Meine Mitarbeit in der Lessing-Schule in Deutschland und am Projekt des Blauen Hauses mit solch dankbaren Schülern verhalf mir dazu, meine Leidenschaft als Lehrer auszuleben. **Sean Scantlebury**   two weeks of intense passion zwei Wochen intensiver Leidenschaft **Bafana Solomon Matea**   From our experience [the children] are prepared to be full partners in knowledge about the past. Unserer Erfahrung nach sind die Kinder darauf vorbereitet, ernsthafte Partner im Wissen um diese Vergangenheit zu sein. **Ludwig Geismar**   When Aviva and Jonathan's groups danced down the old Judengasse one could only wonder at the fact that the human chain had not been broken by the grandparents' death but had managed to live on through the survival of their grandchildren and great grandchildren. Als Avivas und Jonathans Gruppen die alte Judengasse entlang tanzten, konnte man nur staunen über die Tatsache, dass die Kette der Generationen durch den Tod der Großeltern nicht abgebrochen war, sondern es vermocht hatte, durch das Überleben der Enkel und Urenkel weiterzuexistieren. **Shirley Geismar**   For me, it was like going on a sort of retreat where I can consider connection and relationship. This can be from the past as in the workshops. But it is also appreciating the here and now of the present in a living area. Für mich war es, als ginge ich in eine Art Klausur, wo ich Verbindungen und Beziehungen betrachten kann. Das kann sich auf die Vergangenheit beziehen, wie in den Workshops [mit Dan Bar-On, d. Hrsg.]. Aber es geht auch darum, das Hier und Jetzt der Gegenwart in einer lebendigen Gegend zu schätzen. **Robert Geismar**   Es war zwar manchmal etwas schwer oder kompliziert, aber zusammen haben wir es geschafft. It was sometimes a bit hard or complicated, but together we've made it. **Sarah Jürgens,** Schülerin   To see a dream become reality! Accomplishing what was thought to be impossible – to bring together German people and Jewish people to tell their stories, share their pain and fears and to finally talk to each other with understanding, respect and hope for the future. Zu sehen, wie ein Traum Wirklichkeit wird! Zu schaffen, was niemand für möglich hielt – deutsche und jüdische Menschen zusammenzubringen, damit sie einander sich ihre Geschichten erzählen, ihren Schmerz und ihre Ängste teilen und schließlich miteinander mit Verständnis, Respekt und Hoffnung für die Zukunft zu reden. **Bella Freedberg-Borower**   These young people had learned about the Holocaust in school but they were now exploring the emotions behind the harsh facts. Die jungen Menschen hatten in der Schule vom Holocaust erfahren, aber jetzt waren sie dabei, die Gefühle hinter den harten Tatsachen zu erkunden. **Deborah Geismar**   The Blue House with its history of personal accounts of the holocaust victims and survivors has offered the missing human tragic link, which young German dancers were able to use as a personal inspiration. Each dancer has personally chosen and adopted a name of a Jewish victim from Breisach who had died under the hand of Nazi regime. The very last image of the dance showed dancers kneeling on the ground with their heads bowed down and their backs turned toward the audience. One after another, each dancer has raised its head, calling out the name of its victim. With the calling of the names, suddenly the whole purpose of the dance has taken up a new meaning. Dem Blauen Haus und den zu ihm gehörenden Berichten von Holocaust-Opfern und -Überlebenden fiel die Rolle des Bindeglieds zu, das die jungen deutschen Tänzer als persönliche Inspiration nutzen konnten. Jeder Tänzer hat sich selbst den Namen eines jüdischen Opfers aus Breisach, das unter der Gewalt des Naziregimes umgekommen war, ausgewählt und zu Eigen gemacht. Das allerletzte Bild des Tanzes zeigte die Tänzer mit niedergebeugtem Kopf auf dem Boden kniend, den Rücken zum Publikum gewendet. Ein Tänzer nach dem anderen erhob seinen Kopf und rief den Namen seines Opfers aus. Mit dem Ausrufen des Namens hat der Tanz urplötzlich einen neuen Sinn gewonnen. **Stevan Novakovich,** New York, ursprünglich Novisad, Jugoslawien

Dan Bar- On, Ben Gurion University of the Negev, Israel

Dancers and Storytellers Try to Get Rid of the Ghosts of the Past in Breisach

Last August, within the activities of the renewed Jewish Community House in Breisach, Germany, the Blue House[1], two groups of dancers from the United States came to work with young German students with this expressive artistic form on how they relate to the Holocaust. At the same time, a group of middle-aged Jews from the United States and from Israel as well as a group of Germans convened in the Blue House for two days to share their personal stories of the past and the present. They were linked to each other through a common past related to Breisach which for many years both groups tried to forget and repress, everyone for their own reasons. Perhaps, repression was the only way to continue to live in a post-Holocaust reality, both for the Germans and for the Jews. The storytelling was led by two women of the TRT group[2] of descendants of Nazis from Germany and descendants of Holocaust survivors from Israel and the United States who started a similar process about 14 years earlier.

Though the dancers were not part of the storytelling process they could somehow sense the atmosphere of that renewed openness. Most of the young American dancers were not personally linked to the calamity of the Holocaust through their family biography, but they absorbed how it still affects family members who survived of the many who perished. Through their own non-verbal ways of expression they approached the young Germans in a non-demanding and non-controlling way. They looked for ways how these young German students could express themselves in dance, how they could find their own ways to relate to this extremely painful but also heavily burdening chapter in their national past. This was an extremely difficult task for both of these young groups. But when we came to watch them in their walk along the Jewish street, walking in the footsteps of those who perished sixty years earlier, or in their performance in the evening we could feel how intensely their emotions and their sensitivity radiated from them to the audience. I believe this was their first effort to re-approach that terrible past on which so many useless words have already been wasted over the last decades.

The storytelling of members of the older generation and the dancing of the younger generation created a very special form of communication in relation to one particular location, in this case Breisach. I could see how this might also be a model for other places where the past has not yet been worked through, where the pain of that chapter of our common history still has no words and no non-verbal ways of expression. However, we should be aware that there is no single medium through which each and everyone today can manage their repressed traumas of the past.

[1] I want to express my special appreciation to Dr. Christiane Walesch-Schneller who directs the activities of the Blue House. Without her commitment and sensitivity this event would not have taken place.

[2] Under Dan Bar-On's leadership, members of the TRT-group (To Reflect and To Trust) such as Deena Harris and Renate Roeder have done pioneer work since 1992. (editor's note)

Dan Bar-On, Ben Gurion University of the Negev, Israel

Tänzer und Geschichtenerzähler versuchen, die Gespenster der Breisacher Vergangenheit loszuwerden

Im Sommer 2006 kamen zwei Tanzgruppen aus den USA nach Breisach, um im Rahmen der Veranstaltungen des Blauen Hauses[1], des ehemaligen jüdischen Gemeindehauses, mit deutschen Schülern in dieser ausdrucksstarken künstlerischen Form eine Beziehung zum Holocaust zu erarbeiten. Gleichzeitig trafen im Blauen Haus während zweier Tage Juden der mittleren Generation aus den USA und Israel mit gleichaltrigen Deutschen zusammen, um einander von ihrem vergangenen und gegenwärtigen Leben zu erzählen. Sie verband eine gemeinsame, mit Breisach verknüpfte Vergangenheit, die beide Gruppen viele Jahre lang zu vergessen und zu verdrängen versucht hatten, wenn auch aus verschiedenen Gründen. Vielleicht war das Verdrängen die einzige Möglichkeit, in der Realität nach dem Holocaust weiterzuleben, für Deutsche wie für Juden. Das Erzählen wurde von zwei weiblichen Mitgliedern der TRT-Gruppe[2] von Nachkommen von Nazis aus Deutschland und von Holocaust-Überlebenden aus Israel und den USA geleitet, die einen ähnlichen Prozess rund vierzehn Jahre vorher begonnen hatten.

Obwohl die Tänzer nicht an diesem Vorgang des Geschichtenerzählens beteiligt waren, erspürten sie doch diese neue Offenheit. Die jungen amerikanischen Tänzer hatten zumeist keine durch ihre Familienbiographie vermittelte persönliche Verbindung zur Kalamität des Holocaust, aber sie griffen auf, wie dieser noch immer überlebende Angehörige der vielen Umgekommenen berührt und bewegt. In ihrer eigenen, nonverbalen Ausdrucksweise sprachen sie die jungen Deutschen an, ohne sie zu überfordern oder zu lenken. Vielmehr war ihnen daran gelegen, den deutschen Schülern eigene Wege zu eröffnen, zu diesem so schmerzlichen wie belastenden Kapitel in der Geschichte ihres Landes eine persönliche Beziehung zu finden.

Für beide Gruppen junger Leute war dies eine äußerst schwierige Aufgabe. Aber als wir hinzukamen, um ihnen bei ihrem Gang durch die Judengasse zuzusehen, als sie in den Fußstapfen jener liefen, die sechzig Jahre zuvor ihr Leben verloren hatten, oder bei der Aufführung am Abend, war zu spüren, welch starke Emotionen und Sensibilität von ihnen ins Publikum hinein ausstrahlten. Es war, nehme ich an, ihr erster Versuch, sich der fürchterlichen Vergangenheit anzunähern, über die in den vergangenen Jahrzehnten schon so viele Worte unnütz gesprochen und geschrieben worden sind.

Auf den konkreten Ort Breisach Bezug nehmend, verbanden sich die Geschichten, die die Angehörigen der älteren Generation einander erzählten, mit dem Tanz der jüngeren Generation zu einem ganz eigenen Miteinander. Für mich könnte dies ein Modell auch für andere Orte sein, an denen die Vergangenheit

1 Meinen besonderen Dank möchte ich Frau Dr. Christiane Walesch-Schneller gegenüber aussprechen, die die Aktivitäten des Blauen Hauses leitet und ohne deren Engagement und Sensibilität es zu diesem Ereignis nicht gekommen wäre.

2 Deena Harris und Renate Roeder gehören der TRT-Gruppe (To Reflect and To Trust) an, die seit 1992 unter der Leitung von Dan Bar-On Pionierarbeit geleistet hat. (Anm. d. Hrsg.)

noch nicht aufgearbeitet worden ist und das Schmerzliche dieses Kapitels unserer gemeinsamen Geschichte weder zu Worten noch zu nonverbalen Ausdrucksformen gefunden hat. Wir sollten uns bewusst sein, dass es nicht nur ein Medium gibt, mittels dessen die Menschen von heute mit ihren verdrängten Träumen der Vergangenheit umgehen können.

(Übersetzung von H. Jochen Bußmann)

Biographien

Ari Nahor, geboren 1958, studierte Bildende Kunst in Tel Aviv. Seit 1991 ist er Dozent für Zeichnung und Fotografie an der Freien Hochschule in Freiburg. Seit 1994 beschäftigt er sich intensiv mit künstlerischer Fotografie. Er lebt und arbeitet in Breisach.

Ari Nahor, born in 1958, studied fine arts in Tel Aviv. Since 1991 he has been a lecturer on drawing and photography at the Academy of Fine Arts and Graphic-Design at Freiburg. Since 1994 he has been focusing intensively on art photography. He lives and works in Breisach, Germany.

Friedel Scheer-Nahor studierte Sozialpädagogik in Köln sowie Germanistik und Volkskunde in Freiburg. Sie ist Mitarbeiterin des Arbeitsbereiches Badisches Wörterbuch an der Universität Freiburg. Daneben arbeitet sie seit 1995 als freie Journalistin. Sie lebt in Breisach.

Friedel Scheer-Nahor studied social pedagogics in Cologne and German language and European ethnology at Freiburg. She is an assistant at the "Badisches Wörterbuch" (dictionary of Baden dialects) department at the University of Freiburg. Since 1995 she also has been working as a free-lance journalist. She lives in Breisach.

Toby Axelrod is a free-lance writer and translator living in Berlin, Germany. She was born in New York, attended Vassar College and Columbia Graduate School of Journalism and worked for nearly a decade as a staff member of the New York Jewish Week and for the New York Observer. Today she is a correspondent in Germany for the Jewish Telegraphic Agency, Hadassah Magazine and London Jewish Chronicle, and an editor of GOLEM, the European Jewish literary journal. (www.golem-journal.de)

Toby Axelrod wuchs in New York auf und lebt als Übersetzerin und Journalistin in Berlin. Sie besuchte das Vassar College und die Columbia Graduate School of Journalism, war beinahe ein Jahrzehnt Redaktionsmitglied der New York Jewish Week und schrieb für den New York Observer. Heute ist sie Deutschlandkorrespondentin für die Jewish Telegraphic Agency, für Hadassah Magazine und den London Jewish Chronicle. Außerdem ist sie eine der Herausgeber der europäisch-jüdischen Literaturzeitung GOLEM (www.golem-journal.de).

Index

Bibliografische Information der Deutschen Bibliothek
Die Deutsche Bibliothek verzeichnet diese Publikation in der Deutschen Nationalbibliografie; detaillierte bibliografische Daten sind im Internet über http://dnb.ddb.de abrufbar.

Herausgeber / Publisher: Förderverein Ehemaliges Jüdisches Gemeindehaus Breisach e. V. (www.juedisches-leben-in-breisach.de)

Grafische Gestaltung / Graphic Design: Werner Nübling, Dieter Weber

Fotografie / Fotography: Ari Nahor

Übersetzung / Translations: Toby Axelrod, H. Jochen Bußmann, Friedel Scheer-Nahor

Lektorat / Proofreaders: Dr. Barbara von Bechtolsheim, Annette Hoffmann

Gesamtherstellung / Production: modo Verlag GmbH Freiburg i. Br.

© 2006, Förderverein Ehemaliges Jüdisches Gemeindehaus Breisach e. V.,
für diese Ausgabe modo Verlag
für die Texte / Essays: bei den Autoren
für die Abbildungen: Ari Nahor

Erschienen bei / Published by: modo Verlag GmbH Freiburg i. Br.
www.modoverlag.de

Mit freundlicher Unterstützung von / generously supported by:
Nancy und Herman S. Kohlmeyer (New Orleans)
Hans-Hermann Walesch (Hannover)

Das Projekt „Tänze für das Blaue Haus", Breisach 2006 wurde großzügig unterstützt von:
The Dance Project Breisach 2006 was generously supported by:

Stadt Breisach am Rhein, Landesstiftung Baden-Württemberg
U.S. Mission to Germany, Citigroup Germany, Körber-Stiftung, USable Transatlantischer Ideenwettbewerb, Freunde des Blauen Hauses, 5000xZukunft, Festspiele Breisach e.V., Hotel Restaurant Kapuzinergarten Breisach, Galerie Goldammer, Landeszentrale für politische Bildung Baden-Württemberg, Badenova, Badische Staatsbrauerei Rothaus AG, Badischer Winzerkeller Breisach, Cemafer Gleisbaumaschinen und Geräte GmbH, Sparkasse Staufen-Breisach, Volksbank Breisgau Süd eG, Volksbank Freiburg